MIS SONETOS SON ESTOS

MARÍA DEL CARMEN MESTRE

Prólogo de César Franco Obispo de Segovia

ISBN: 979-13-87611-24-8

Autora	María del Carme Mestre
Prólogo	César Franco
Portada:	Carlos Murciano
Maquetación:	David Román

A los que compartieron mi vida.

NOTAS A LA SEGUNDA EDICIÓN

Este libro vio la luz por vez primera en junio de 2021. Lo integraban 34 sonetos agrupados en dos secciones. Cuatro años después, publicamos esta segunda edición revisada y aumentada. Se han eliminado tres sonetos que tuvieron sitio en la primera y se han incorporado nueve inéditos, con lo que el total de los aquí reunidos suma 40.

Entendemos que esta variante no afecta en lo esencial al prólogo de la primera edición, que se mantienen idéntico.

PRÓLOGO

María del Carmen Mestre ha escogido el soneto para regalarnos un nuevo poemario: *MIS SONETOS SON ESTOS.* Añade, así, una colección de hermosos poemas a los ya publicados y acredita, una vez más, su reconocida vocación. El poemario consta de dos partes. La primera contiene veintiséis sonetos; la segunda, ocho.

Una mirada atenta al vocabulario advierte al lector de que se adentra en el mundo interior de la poeta habitado por temas, siempre actuales, que definen al hombre en su mismidad. Digo mundo interior, pero no cerrado en sí mismo, sino abierto al universo: en él, hay una piedra de molino, una hormiga negra, un retrato de niña, una barca y los cuatro elementos de la filosofía de la naturaleza: agua, fuego, tierra y aire. Todo un escenario para situar a los protagonistas del volumen: el tiempo, la búsqueda del sentido de la vida, el amor y desamor, la libertad, el desespero y la esperanza, el dolor y la muerte, Cristo y Dios. Temas inevitables para quien mira la vida en su compleja unidad atendiendo al dramatismo que la estructura.

Basta leer el poema *"Vida"* (palabra que aparece doce veces en el libro), para comprender que la vida implica lamento, sufrimiento y dolor. La autora mallorquina ofrece limpiamente la clave de esta visión en el último terceto, que evoca temas de los escritos sapienciales bíblicos y recurrentes en las corrientes modernas del personalismo y existencialismo, las cuales exigen razón a la vida sobre el sentido del hombre y su destino:

Soy una criatura malherida
un fragmento de ser que apenas dura lo que cualquier
mortal sobre la tierra.

El tiempo -que *apenas dura* y la condición mortal del hombre la acompañan en su aguda indagación lírica. El tiempo, bajo la especie de eternidad y del instante. Nueve veces aparecen en los sonetos las palabras muerte y tiempo, binomio existencialmente inseparable. El reloj, signo y metáfora del tiempo, *me avisa como avisa a un condenado que tenemos el tiempo limitado.*

Se trata del tiempo *que transcurre muy deprisa,* sembrando melancolía, ante la impelente búsqueda de la verdad de sí mismo que configura al ser humano y que hace posible el ejercicio de la libertad. La poeta se siente *prisionera* en ese tiempo limitado -*no tengo la llave del candado*-, aunque con la esperanza de ser *dueña de mi libertad* (soneto "Prisionera").

Este pleito con la vida -considerada como tortura, no regalo- alcanza su clímax más dramático cuando aborda el tema del dolor, que en este poemario aparece íntimamente unido al del amor, como indica el verso de Leopoldo de Luis, citado en el soneto "Angustia": *Cuánto dolor en el amor hay siempre.* (Digamos de pasada que el término *dolor*, con sus sinónimos y palabras afines -*sufrimiento, tormento, llanto, agonía y pena*- aparecen con mucha frecuencia en el libro). María del Carmen Mestre se hace la pregunta consubstancial al hombre: ¿Quién inventó el dolor?; y responde de inmediato:

Yo sé que fue el amor. Una sirena
que encendiendo la llama con sus cantos nos ahoga
después en las cenizas.

Amor y dolor avanzan juntos en la experiencia humana y tejen la urdimbre que sirve para plasmar la agónica experiencia del amor, al que se aspira como quimera que anhela ser realidad y se muestra bajo el lirismo de la presencia y ausencia del ser amado -*soy yo la ausente, y eres tú el ausente*- sin perder la esperanza de encontrarse en la unión deseada: *mas volveremos a ser dos. Lo juro* (soneto "Atardecer").

Este sufrimiento inherente al amor, que parece abocar a la desesperanza, es también un aliciente en la búsqueda del sentido de la vida, un elemento clave para entender el conjunto del poemario:

Yo le busco a la vida su sentido cuando la negra noche
se avecina.

Desde el primer soneto, bulle, además, un aliento por permanecer *dando luz aunque muriera,* y un deseo de cambio para hacer posible que lo rígido se haga moldeable, los llantos se transformen en tañidos de campana y los gemidos en oraciones. Este aliento, convertido en deseo, se recoge de nuevo en "Fuego":

Si pudiera llegar a ser hoguera,
un calor manso, una hermosa lumbre que regalase luz
a la ceguera.

En "Esa barca", en alusión a los versos de Lope de Vega -*Pobre barquilla mía entre peñascos rota*- quiero suponer que la poetisa utiliza la imagen como metáfora de la vida, lastrada por la *vasta soledad,* el *paisaje yerto.* Se confiesa cansada *después de tanta búsqueda de un puerto.* Se le ha roto el timón y no quiere *ir tanteando como ciega/ que ha perdido la mano que la guía.* Esta expresiva imagen, que recuerda al Dante que ha perdido la recta senda de la vida, está abierta a la esperanza:

> *Y aquí sigue acunando la esperanza mientras llega*
> *ese viento de bonanza que la devuelva al mar que la*
> *mecía.*

Esa *esperanza* se ve reflejada también en "Bodegón", de aires eucarísticos, donde se trascienden los elementos materiales para reconocer que el hombre tiene necesidad de otra mesa

> *donde pueda encontrar otro alimento ya que el pan no*
> *le sacia su apetencia.*
> *¿Dónde hallar ese pan, ese trigo, esa*
> *fuente que le dé al alma su sustento?*

Tan magnífica confesión de la incapacidad del hombre para saciar su apetencia más íntima introduce la pregunta sobre la escatología, el último destino del hombre, presentado bajo la imagen del banquete y de la fuente que calma la sed y sustenta al alma. Presente y futuro, lo eterno y el instante son aspectos del tiempo, expuestos con maestría en "Ante un retrato de ayer", que muestra la capacidad del ser humano de re-presentar el pasado y revivir con melancolía *este instante fugaz, eterno ahora.* La vida parece comprimirse gracias a la conciencia de existir, que permite, en la lírica permeabilidad del tiempo, tomar la mano a la niña del retrato, que despierta y sonríe, convertida ahora en *la mujer que la mira se adolora.*

*****

La segunda parte del poemario completa la visión del hombre desde una perspectiva cristiana. En sus ochos sonetos, la escritora balear se adentra en la oscura y luminosa densidad de la fe (no olvidemos que tiene un premio de poesía mística) tratando de hallar respuestas a las preguntas existenciales de la primera sección. Su decir se convierte en un diálogo que no elude ninguna objeción de la razón que busca creer. En un crescendo de escala mística, dialoga con santa Teresa de Jesús, con Cristo y con Dios. Su coloquio con la doctora de Ávila esclarece que la muerte es vencida por el amor sin que pierda por ello su agonía. Citando a la santa andariega —*venga ya la dulce muerte*— recoge la palabra *melancolía*, utilizada solo aquí y en el soneto "Aquella llamada" (que nunca llegó a realizarse), para superarla mediante el deseo del amor cumplido:

Era de noche cuando tu agonía cerró la puerta a la melancolía y la abrió al deseo realizado.

Su segundo interlocutor es el *Cristo de la Sangre*, hermosa talla gótica venerada en Palma de Mallorca. Se sincera con él para decirle que no entiende su angustia, su dolor y su tormento, recopilando temas de la primera parte. Interpela al Siervo Sufriente, convertido en paradigma supremo de la soledad y desamparo, en quien los hombres pueden hallar consuelo. Aunque el Cristo calla, la escritora reconoce que

la boca silenciosa de tu herida dice a la Humanidad desamorada
lo que es amor y plenitud de entrega.

De nuevo el dolor y el amor se aúnan y se explican en una síntesis superior a través de la herida que sana a la criatura malherida, es decir, al hombre. La poeta se asoma *por la llaga de tu costado herido* al dolor y tormento lacerante para confesar que, si de ella dependiera, bebería

las gotas de tu sangre derramada con el anhelo de aliviar tu pena
y con pan de tu amor comulgaría.

Se revela aquí la compasión nacida del amor verdadero, que integra el dolor y responde sin palabras, solo con la figura del Cristo sufriente, a los interrogantes del corazón humano. Se trata de una comunión en el dolor, que, según el poema "A un Cristo roto", abarca a mucha gente quebrada y desecha por la vida, a quien la figura de Cristo puede ofrecer consuelo.

Los cuatro últimos sonetos tienen a Dios por interlocutor. La poeta asciende hasta su inmensidad con ayuda de estas palabras de Rilke: *Tu eres tan grande que dejo de ser con sólo colocarme junto a ti.* La trascendencia de Dios no impide a la escritora hablarle con franqueza y entrar en debate con el Creador para plantear si el hombre es proyecto inacabado o muestra de la grandeza divina. El mal y el dolor siguen presentes en la escena como obstáculos razonables para la fe, al tiempo que reconoce la distancia entre la grandiosidad de Dios y la nada del hombre, distancia que no la disuade para expresar de forma atrevida la íntima experiencia humana, que sobrecoge y nos deja en silencio:

Si te llaman Amor, sabrás de amores. pero en eso de amar y sus dolores, en eso, Tú, Señor, no me superas.

Lo que parece ser la última palabra de esta lid entre la "nada" y Dios, no lo es. Como sucede al final del libro de Job, *Dios responde.* Así se titula el antepenúltimo soneto, con esta aclaración: (*a un poeta que pedía explicaciones a Dios*). La respuesta de Dios no es un discurso filosófico sobre el enigma del binomio amor/dolor. El soneto recuerda el dicho de Pascal, que Dios es más sensible al corazón que a la razón:

No estoy lejos de ti como supones. Te escucho. Sí.
Entiendo tus razones y me hago corazón en tus latidos.

Dios pasa entonces de ser interrogado a interrogar: Pero tú, ¿me comprendes?, pregunta a la poeta y al lector. El reproche gira de destinatario y queda sobre el tapete la cuestión que Dios plantea al hombre:

Te di todo el Amor para que fueras feliz con tu existir y
tus quimeras
¿No crees que merezco gratitud?

Los dos últimos sonetos titulados "En la mente de Dios" son un magnífico colofón. Con un conmovedor lirismo, lleno de afecto, ella se emplaza a sí misma en el momento de la muerte para recapitularse en Dios. Los temas tratados adquieren luz: la vida ya no es tortura, es un *regalo inmenso y generoso*; la prisionera es *una luz en la noche de la nada/ el misterio del alma encarcelada*; el tiempo queda trascendido por la inmensidad de Dios (*hubo un tiempo sin tiempo en que no era*); y la criatura malherida como ser mortal sobre la tierra toma consciencia de que al final de la existencia se integrará en su infinidad: *y es que Dios me ideó para que fuera… que tras de mi muerte trascendiera.* Vivir eternamente es la aspiración de la poeta -del hombre-, expresada en versos que recuerdan a san Juan de la Cruz: *el secreto de amor ya desvelado/ por la luz de una lumbre diferente* (soneto "Tierra").

El terceto final del poemario retrae la mirada al conjunto de modo que la paradoja del hombre, expuesta desde el inicio con dramático realismo, no pierda su consistencia ni se difumine en una meliflua religiosidad desencarnada. Con mano maestra, mantiene hasta el final lo que podríamos llamar el conflicto existencial del hombre, el de esta vida breve, y desvela, como solo la poesía es capaz de hacerlo, el misterio en su totalidad:

Este mundo que es mortal camino puente de paso
pérfido y penoso encuentra al otro lado lo divino.

César Franco Obispo de Segovia

1

DISYUNTIVA

Cambio mi carne por la suave cera
hecha seda en panal, o vela airosa,
que convertida en lágrima ardorosa,
siguiese dando luz aunque muriera.

Cambio mi rigidez por su manera
dócil de moldearse. Y por la rosa
que expira deshojada tan dichosa
por morir en fragancia placentera.

Y cambiaría llantos por tañidos
de una campana que al oírla a ella
se hicieran oraciones mis gemidos.

Ser de cera, ser rosa o campanada
o ser de barro que no deja huella,
o ser de polvo al borde de la nada.

A UNA PIEDRA DE MOLINO ABANDONADA AL BORDE DE UN SENDERO

A esta piedra que está como dormida,
que ayer giró sin fin, sólo le queda
su redonda quietud en la vereda,
y una dulce nostalgia contenida.

Ahora recuerda el tiempo en que la vida,
poderoso motor que también rueda
convirtiendo el trigal en polvareda
hizo posible el pan con su molida.

Dañada por el sol y por la luna
y solitaria, tiene la fortuna
de llevar en su ser su propia losa.

Ahora que la siento fría y yerta,
no puedo imaginarla como muerta,
porque jamás tendrá su propia fosa.

ATARDECER

La débil luz del sol ya no ilumina
el monte, y no hay razón para el olvido.
Se apagaron los trinos, y en su nido
el ave de la tarde se reclina.

El pincel del recuerdo difumina
un paisaje de dos. Tú ya te has ido
y yo busco a la vida su sentido
cuando la negra noche se avecina.

Tu ausencia me ha vaciado el horizonte
y no se ve ni sol ni ave ni monte
y sí la sombra de un futuro oscuro.

Todo es igual y todo diferente.
Soy yo la ausente, y eres tú el ausente.
Mas volveremos a ser dos. Lo juro.

BODEGÓN

La cena está servida. Sobre el ara
el alba del mantel, repletas fuentes,
rubor de vino en vasos transparentes,
los descubiertos, tenedor, cuchara,

y a su frente el cuchillo como rara
bélica muestra junto a las pacientes
figuras del yantar en que los dientes
morderán el manjar que los tentara.

Igual que antes el fruto de la ciencia.
Y es que el hombre precisa de otra mesa
donde pueda encontrar otro alimento

ya que el pan no le sacia su apetencia.
¿Dónde hallar ese pan, ese trigo, esa
fuente que le dé al alma su sustento?

FÁBULA

La hormiga fue feliz en otra era
en que vestía traje azul marino,
y, por el mar del charco cristalino,
las hojas le servían de trainera.

Verde vestía con la primavera;
en el otoño de oro o de ambarino
y del rosado tono vespertino
cuando el sol escondía su pulsera.

El día que escaló una enredadera,
y se vio, cara a cara, con la altura,
descubrió su verdad más verdadera.

Vistió de luto entonces, a deshora,
por morir la grandeza en su figura;
y, si no se la mira, a veces llora.

LIBERTAD

Asomas, Libertad, tras de mis rejas,
mostrando tu perfil de estatua dura,
una piedra sin más, una escultura,
que el tiempo a ti y a mí convirtió en viejas.

¿Dónde estás, Libertad, oyes mis quejas
cuando pido que sacies con hartura
mi apetito de amar, la sed que apura
el cáliz de la miel, y no me dejas?

¿Eres un ángel de caídas plumas
que abandonó por su locura el cielo,
o un mítico fantasma entre las brumas?

Digo tu nombre por si en él se esconde
la verdad de ser libre en este suelo.
Te llamo, Libertad. Nadie responde.

PRISIONERA

Ahora soy de mí misma prisionera
y no tengo la llave del candado
que podría librar a mi cuidado
de este tormento que me desespera.

Porque, brillando en mi reloj, la esfera
me avisa como avisa a un condenado
que tenemos al tiempo limitado
y es la tristeza la que aguarda fuera.

Y no sé si saldré de mi guarida,
ni sabré soportar esta clausura,
o si me encontraré con mi verdad.

Quiero darle esperanzas a mi vida,
recuperar de nuevo la cordura
y ser la dueña de mi libertad.

BÚSQUEDA

Alguna vez me busco y no me encuentro.
Será que voy por senda equivocada.
No hay rastro ni señal iluminada
que me conduzca hasta mi propio centro.

Y sigo dando vueltas y me adentro
hacia la noche donde está la nada.
Hay una luna casi deslunada
con la respuesta de la vida dentro.

Pero no la dirá, porque su meta,
como niña que juega al escondite,
es cuidar que la clave sea secreta,

celando su razón y su motivo.
Así ríe y se burla y no permite
conocer la verdad del estar vivo

VIDA

¡Vida, nada me debes!
¡Vida, estamos en paz!
Amado Nervo

Me nacieron en noche tormentosa
en la calle del Sol, y aquel lamento
fue el principio de tanto sufrimiento
y de tanta aventura dolorosa.

No me compensa contemplar la rosa
ni su belleza, asombro de un momento
siempre fugaz; todo lo arrastra el viento
de los siglos, su mano poderosa.

Y no, no estoy en paz contigo, vida,
porque no eres regalo, eres tortura
y debo mantenerme en pie de guerra.

Soy una criatura malherida,
un fragmento de ser que apenas dura
lo que cualquier mortal sobre la Tierra.

ANTE UN RETRATO DE AYER

La niña del retrato ya está muerta,
pero el papel conserva su sonrisa;
lleva una flor bordada en su camisa
y si tomo su mano se despierta.

La hago presente aquí, y abro la puerta
a un tiempo que transcurre muy deprisa.
No puedo retenerla porque avisa
que es sólo sombra ténebre e incierta.

Se me borró su nombre, pero intuyo
que tiene algo de mí y que fue suyo
este instante fugaz, eterno ahora.

Tras el cristal la ausencia va creciendo
y mientras ella me mira sonriendo,
la mujer que la mira se adolora.

ANGUSTIA

Cuánto dolor en el amor hay siempre.

Leopoldo de Luis

Es la angustia la fiera que devora
las íntimas raíces de la entraña,
campesina que emplea su guadaña
para segar los rayos a la aurora.

Es noche, oscuridad, la cegadora
ceguera del amor al que acompaña;
uno y otra van unidos en campaña
donde no hay vencedor ni vencedora.

¿Quién inventó el dolor? ¿Por qué la pena?
Es preciso sufrir mientras los llantos
van regando las flores de las risas.

Yo sé que fue el amor. Una sirena
que encendiendo la llama con sus cantos
nos ahoga después en las cenizas.

ESA BARCA

Pobre barquilla mía entre peñascos rota.
Lope de Vega

La barca que tenía está varada
en la playa sin mar, casi un desierto
de vasta soledad, paisaje yerto
en donde el horizonte es ya la nada.

No tiene fuerzas porque está cansada
después de tanta búsqueda de un puerto
en el que remansar su desconcierto
y su inquietud quedase sosegada.

Se le rompió el timón y no navega
por no ir tanteando como ciega
que ha perdido la mano que la guía.

Y aquí sigue acunando la esperanza
mientras llega ese viento de bonanza
que la devuelva al mar que la mecía.

AHORA

Después de tantos años, tanta espera
desesperante, ansia atormentada,
deseo reprimido, aguda espada,
llama de una pasión que siempre ardiera.

Así, sin libertad, como una fiera
que pasara su vida encarcelada
celé, callé el amor y no fui amada
ni conocí su magia y su quimera.

Cuando lo que no fue se ha hecho posible,
hermosa realidad, sueño tangible,
y está formando parte de mi ser.

Puedo ya revelar en un soneto
sin brida, sin pudor y sin secreto
que ahora soy de verdad una mujer.

DESAMOR

Mi tiempo se deshace entre zarpazos
que me rompen agujas, manecillas,
y mis manos también, manos sencillas
que sólo quieren prodigar abrazos.

Pero tu desamor con firmes trazos
dibujó las fronteras, puso orillas
a otro tiempo. Encerró las maravillas
en un sueño de inútiles regazos.

Se acabaron las horas ¿Y el olvido?
Nunca. El recuerdo sigue con su lanza
desenterrando terco lo vivido.

Busca el amor y pena es lo que alcanza,
pena que ha sido apenas un latido
en el reloj de mi desesperanza.

PENA DE AMAR

> Alguien hizo la pena a su medida.
> C.M.

Alguien erró al tomarme la medida
y superó con creces mi estatura.
Esta pena es más alta que mi altura,
es la pena de amar, pena de vida.

Desbordó mis contornos, la cabida
que ofreciera a su abrazo mi cintura,
cubrió mi cuerpo con su vestidura
y con la pena me quedé vestida.

No quiero amar, no quiero amor, no quiero
sufrir la esclavitud de sus cadenas
ni esperar lo que espero y desespero.

Erró quien calculara tanto daño,
pues la pena de amar, madre de penas,
no puede soportarla mi tamaño.

INCOMPRENSIÓN

Como el aire, caricia indiferente,
estás cerca de mí y estás lejano,
doliente soledad que busca en vano,
en el vacío de tu ser ausente.

Estoy cerca de ti y no me siente
tu ánimo discurrente en otro plano,
en otra dimensión donde mi mano
limosna de amor pide inútilmente.

Incapaz de imponerte mi presencia
hacia el olvido voy, hacia la sombra
llevándome el dolor por compañía.

Renuncio para siempre a tu existencia
y a la engañosa tentación que nombra
la deshojada flor de la alegría.

AQUELLA LLAMADA

Esperé inútilmente tu llamada
pero sólo la noche respondía,
un silencio en mitad de mi agonía
me vetaba dormir. En la almohada

mi cabeza sufría reclinada
sobre el dolor de la melancolía.
Desde la pena que me consumía
anhelaba tu voz tan alejada.

No me llegó. No me llegaste y siento
con la certeza que da el sufrimiento
que soy un animal viejo y herido

y que si fueras perro y me ladraras,
si pusieras empeño y lo intentaras
podría ser consuelo tu ladrido.

CORAZÓN LIBRE

Debería sentir como quisiera
y domar al caballo desbocado
que en mi locura trota enajenado
sin brida, sin control, como una fiera,

que tras un largo tiempo prisionera
con el dolor de ausencia acumulado,
busca con desespero lo anhelado
para hacer realidad de su quimera.

Y así mi corazón sería libre
de elegir su compás y la medida
a cuyo ritmo mi latido vibre.

Podría amar de forma descelada
y, sin celos que causen una herida,
haría de tu pecho mi almohada.

AGUA

De tus ojos el llanto resbalaba
como un pequeño río transparente,
las mejillas servían de pendiente
por la que ese dolor se deslizaba,

y anegando tu boca te dejaba
el acíbar falaz de la serpiente;
ya no era sólo un río, era un ardiente
caudal de pena que se desbordaba.

Y tus lágrimas, siempre silenciosas,
se rompieron en múltiples cristales
y sus aguas sonaron rumorosas.

Si lloraste por mí, ahora lo siento
pues no quiero ser causa de tus males,
y si un día lo fui, hoy me arrepiento.

FUEGO

En el hogar el fuego me reclama
y acudo a su llamada. Es tentadora
la magia de su danza en esta hora
en que afuera la nieve se derrama.

Hay un paisaje frío. Un panorama
donde la soledad se hace señora.
Dentro, la brasa del amor aflora
y se convierte en certidumbre y llama.

Si pudiera llegar a ser hoguera,
un calor manso, una hermosa lumbre
que regalase luz a la ceguera

y que con mi pasión fundiera el hielo
me libraría de mi pesadumbre.
Y este fuego sería mi consuelo.

TIERRA

Que me entierren en urna transparente
para que pueda ver a cada lado
la tierra que acompañe mi costado
y la tierra que cubra hasta mi frente.

Que ante la vista esté eternamente,
lo que fue un corazón enamorado,
el secreto de amor ya desvelado
por la luz de una lumbre diferente.

Al otro lado del cristal, un día
se verá cómo fulge la armonía
y enlutece en silencio la añoranza.

Porque yo seguiré viviendo entera,
sintiendo que detrás del vidrio espera
el perenne verdor de la esperanza.

AIRE

El aire se serena y viste de hermosura y luz no usada.

Fray Luis de León

Apenas intocable y transparente
como pudiera ser un sentimiento
que oscila entre la angustia y el contento
pero nunca del todo indiferente.

Así se muestra el aire libremente
desnudo de pudor, sin fingimiento
a través de un tornado turbulento
o en la forma de un céfiro paciente.

Alguna vez se viste de hermosura
y luz no usada, siendo tan cercano
que es su brisa caricia de ternura.

Hace girar con gracia la veleta,
y voluble también por su alma inquieta
el aire tiene, en fin, mucho de humano.

OTRA FORMA DE MORIR

La muerte no es el último latido,
ni el silencio, ni la quietud, ni el frío
del mármol sobre el rostro, ni este río
que vierte en una nada sin sentido.

Se muere cuando tras haber vivido
la luz de un gran amor llega el sombrío
pozo de soledad, y el desvarío
de saberlo enterrado en el olvido.

Me olvidaste y no entiendo las razones,
si es capricho de los corazones
que antaño fueron uno solamente,

o tal vez la distancia, mas es cierto
que en mi memoria tú también has muerto,
porque quien te animaba está ya ausente.

DE LA SABIDURÍA

Dar de beber al sediento…

Era tu sed un ansia de verdades:
conocer la razón de haber nacido
y que alguien te explicara el sinsentido
de esa ira que engendra tempestades.

Porque no conocías las maldades,
y entre las dudas, débil y afligido,
ibas buscando el manantial perdido
que pudiera aliviar tus sequedades.

Yo te di toda el agua de mi fuente.
Sabía que no era suficiente,
pero tú la bebiste complacido;

y aunque no te saciase por completo,
mira cómo perdura en el soneto
el consuelo de haberla compartido.

PREGUNTO

De tener potestad intentaría
detener el instante más preciado
y así el ritmo del pulso acelerado
lograría la paz y la armonía.

No habría oscuridad, y sólo el día
sería el testimonio de un estado
sin edad, donde un tiempo desbocado
nos hiciera caer en la agonía.

Vivir eternamente en ese instante
en que el gozo de amar se haga constante
y ningún viento pueda derribarlo.

 Mas sé que no es posible y me entristezco
y me pregunto mientras anochezco:
¿Por qué hemos de morir para lograrlo?

ME DUELE EL ALBA

> Y vuelve a amanecer
> aunque el alba duela.
> Cecilia Álvarez.

Porque la luz no es signo de consuelo
sino engaño sutil de la esperanza,
es diosa cenital que casi alcanza
a superar el blanco de su cielo.

Alguien se mueve a espaldas de su vuelo
y torna infiel el fiel de la balanza,
una hechicera astral en plena danza,
un mago con estrellas en el pelo.

Me duele el alba porque es engañosa
y con su lumbre cambia cada cosa
y rompe el velo de la madrugada.

Yo prefiero la noche y su ceguera
su oscuro sueño, su letal quimera
para irme acostumbrando así a la nada.

FLORES

Al ser consciente de mi despedida,
le regalé mis flores al vecino.
Es inútil luchar contra el destino.
Sé que debo partir, es ley de vida.

Ignorando el dolor de la partida,
ellas podrán seguir por su camino,
porque son inconscientes de su sino
y su alma vegetal nunca está herida.

En hora solas, fueron compañeras,
y vistieron de luz algún momento
de oscuridad, y yo envidié su suerte,

pues siendo heraldas de las primaveras
desvelan con olor su sentimiento,
pero no saben nada de la muerte.

EL SILENCIO

Frágil como el cristal, cualquier sonido,
una brizna de hierba que se mueve,
o la simple caída de la nieve,
o el ritmo que acompasa algún latido,

lo rompen o lo dejan malherido,
y por eso su pena nos conmueve,
y no sabemos bien cómo se atreve
a recobrar de nuevo su sentido.

Y aunque es la clave de nuestro descanso,
es difícil contar con su remanso,
 esa otra paz con la que el hombre sueña.

Pero el mundo es ruidoso y violento,
un fragor en constante movimiento.
Sólo la muerte es en verdad su dueña.

LA EDAD

Amándote la edad se desvanece
como la noche al despertar la aurora,
y el tiempo que discurre, hora tras hora,
si aparece el amor, desaparece.

Porque esta llama que incesante crece
y quema, y acaricia y enamora
se adueña para siempre del ahora
aunque el después también le pertenece.

Los años son tan solo aniversarios
simples recuerdos de los calendarios
que pretende olvidar el corazón,

porque quiere vivir en ese instante
donde el duende y la magia del amante
abren el alma y cierran la razón.

DESPEDIDA

Siempre es triste el adiós, es una herida
abismo de distancia, una fractura
o el amargo sabor de la angostura
que nos deja en la boca su bebida.

Es un daño que no tiene medida,
una separación hecha tortura,
un fuego de nostalgia que perdura
mientras lo aviva cruel la despedida.

Es la añoranza causa de congoja
que reclama de nuevo una presencia
como niño que busca quien lo acoja.

Pues conmueve sentir el desapego
y el llanto doloroso de la ausencia,
no digamos adiós sino hasta luego.

CELOS

Es la forma de amar más posesiva
que enferma al corazón con su tortura,
dolencia aleve que no tiene cura
por su insistencia indócil y obsesiva.

Exigencia de amor en exclusiva,
engarza la razón a la locura
y ese amor no distingue si es ternura
o una emoción que siempre es destructiva.

Es el miedo a perder al ser amado.
Como un dardo feral que se ha clavado
y no hallando remedios ni consuelos

convierte los deleites en dolores.
Dichoso quien feliz en desamores
no podrá saber nunca de los celos.

EL ÁLBUM

Coleccionaba sellos y postales,
ceniceros, vitolas, mariposas,
tarjetas, etiquetas y otras cosas
junto a unos cromos que eran especiales.

Eran fotografías personales
que guardaba con manos cuidadosas
y dos llaves secretas y celosas
de una pequeña caja de caudales.

Mas al pegarlos siempre le faltaba
la foto del amor que no llegaba
y que le demandaba el corazón.

Hasta que, al fin, el hombre deseado
acudió a su reclamo enamorado
y con él acabó la colección.

2

DE LA NADA A LA LUZ

Venga ya la dulce muerte.
Sta. Teresa

Esta quietud serena y armoniosa,
esta pasión que un día fue tortura,
y esta paz, esta cruz y esta dulzura
tálamo son donde tu amor reposa.

Descansa. Ya por fin la mariposa
llegó a la luz junto a la llama pura.
Tu corazón, cascada de ternura,
lo diste como amada y como esposa.

Era de noche cuando tu agonía
cerró la puerta a la melancolía
y la abrió al deseo realizado.

Vivir para morir la dulce muerte,
poseer a tu Dios y de esta suerte
ser una para siempre con tu Amado.

AL CRISTO DE LA SANGRE CONFINADO EN LA SEMANA SANTA DEL 2020

(Palma de Mallorca)

Estás mi Dios, clavado en un madero,
y no entiendo el porqué de tu tormento.
¿Por qué quisiste ser del sufrimiento
de la angustia y dolor el prisionero?

Eras libre, y el hombre, traicionero,
te condenó a morir. Y ahora lamento
no poder animarte con mi aliento
ni poder desclavarte como quiero.

Porque desde esta Cruz inmerecida,
con la frente de espinas coronada,
y este calvario que tu sangre riega,

la boca silenciosa de tu herida
dice a la Humanidad desamorada
lo que es amor y plenitud y entrega.

AL CRISTO DE LA SANGRE (2)

Con tristeza contemplo tu semblante
y me asomo al dolor que has padecido;
por la llaga de tu costado herido,
se adivina un tormento lacerante.

¿Cómo puedo saberte agonizante
y no sufrir por lo que Tú has sufrido?
Son mis palabras como un gran quejido
que la angustia acrecienta en este instante.

Si de mí dependiera bebería
las gotas de tu sangre derramada,
con el anhelo de aliviar tu pena,

y con pan de tu amor comulgaría
como otra Magdalena enamorada,
como un apóstol en aquella cena.

A UN CRISTO ROTO

Un cura te encontró despedazado
en un cajón y quiso componerte;
le dolía, Señor, que de esta suerte
quedaras para siempre abandonado.

Y aunque ya te sabía derrotado
por el duro calvario y la cruel muerte
deseaba de nuevo poder verte
con todo tu esplendor recuperado.

Pero Tú no querías y pediste
que te dejara así con tu ruptura
con todos tus pedazos por el suelo.

-Hay mucha gente rota- le dijiste
que está desecha como mi figura
y quisiera servirles de consuelo.

TÚ, TAN INMENSO

*Tú eres tan grande que dejo de ser
con sólo colocarme junto a ti.*
Rainer Mª Rilke

Perdona, Dios, que te hable con franqueza:
Desconozco si el mundo que has creado
es eterno proyecto inacabado
o una muestra que afirma tu grandeza.

Porque al mal lo rechaza la cabeza
y duele al corazón. Es demasiado
el peso del penar que has colocado
en este valle largo de tristeza.

Eres Tú tan inmenso que mi nada
es sólo una conciencia atormentada
por anhelos de inútiles esperas.

Si te llaman Amor, sabrás de amores,
pero en eso de amar y sus dolores,
en eso, Tú, Señor, no me superas.

PROVIDENCIA

Padre, di, ¿Por qué me has abandonado
si siempre confié en tu Providencia,
 si no escuché la voz de mi conciencia
cuando se me quejaba demasiado?

Con la desolación del desahuciado
que se duele perdido en su inclemencia,
mi desazón añora tu presencia
y sentir que caminas a mi lado.

¿No te apena la angustia con que asumo
el amarte con este amor ardiente
con el que me deshago y me consumo?

Te pido, Dios, un poco de ternura.
Sé bien que eres un Ser omnipotente
y yo sólo una pobre criatura.

AMOR DE DIOS

Te quiero tanto, Dios, que sólo quiero
que me quieras a mí únicamente,
que te olvides del resto de la gente,
porque te estoy necesitando entero.

Anhelosa de Ti sueño y espero
que hagas eternidad de mi presente
y sentir en mi hombro eternamente,
el peso de tu brazo compañero.

Ya sé que mi plegaria es egoísmo,
y te pido perdón por eso mismo,
porque es el puro amor lo que me mueve.

Olvida, pues, Señor, lo que te diga,
pero no que deseo ser tu amiga.
A eso sí mi corazón se atreve.

EN LA MENTE DE DIOS (1)

En la mente de Dios nunca hay olvido,
y por eso mi ser eternamente,
seguirá estando en ÉL siempre presente
cuando le entregue mi último latido;

aunque no pretendí haber nacido,
pues no tuve en mi vida el aliciente
que le diera la gracia suficiente
para poder gozar lo ya vivido.

Creo que si Dios crea y se recrea
en lo que formó parte de su idea,
puesto que amanecí de su bondad,

consciente de su amor y su clemencia,
cuando llegue el final de mi existencia
sé que me integraré en su inmensidad.

EN LA MENTE DE DIOS (2)

Hubo un tiempo sin tiempo en que no era
sino una idea por un dios pensada,
germen del ser, esencia programada
para tener conciencia verdadera.

Y es que Dios me ideó para que fuera
una luz en la noche de la nada,
el misterio del alma encarcelada
y que tras de mi muerte trascendiera.

Soy porque fui y sigo en su presente,
como un regalo inmenso y generoso,
que permite vivir eternamente.

Este mundo que es mortal camino,
puente de paso pérfido y penoso
encuentra al otro lado lo divino.

ÍNDICE

2

MIS SONETOS SON EsTOS

de
María del Carmen Mestre

en colaboración con:
Huna Comunicación
de San Sebastián de los Reyes